AF248138

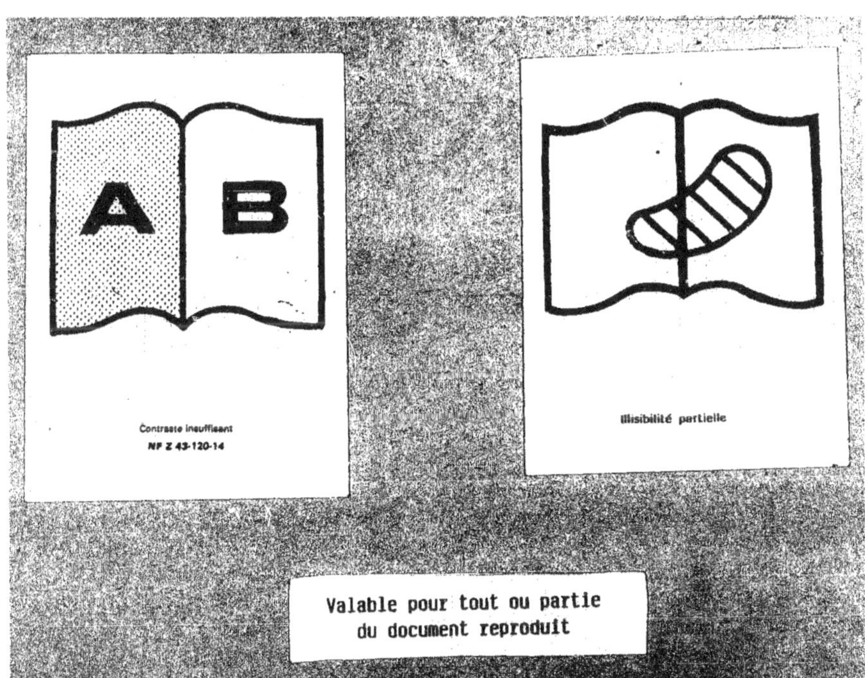

A B
Contraste insuffisant
NF Z 43-120-14
Illisibilité partielle
Valable pour tout ou partie
du document reproduit

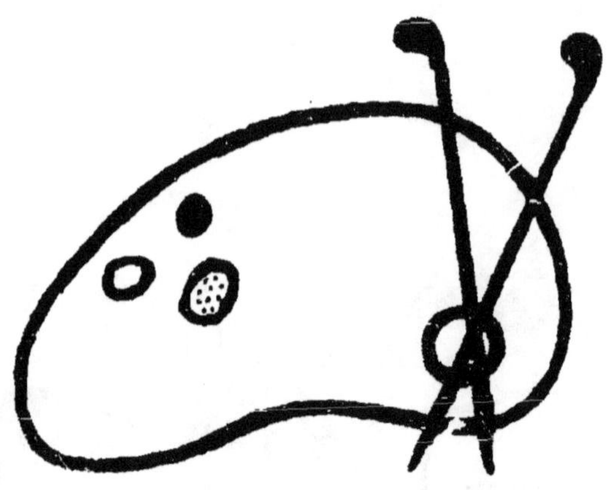

NOTICES

sur

QUELQUES CARTULAIRES

ET

OBITUAIRES FRANÇAIS

CONSERVÉS A LA BIBLIOTHÈQUE DU VATICAN

PAR

Lucien AUVRAY

PARIS

ERNEST LEROUX, ÉDITEUR

28, RUE BONAPARTE, 28

1894

NOTICES

SUR

QUELQUES CARTULAIRES

ET

OBITUAIRES FRANÇAIS

CONSERVÉS A LA BIBLIOTHÈQUE DU VATICAN

PAR

Lucien AUVRAY

PARIS

ERNEST LEROUX, ÉDITEUR

28, RUE BONAPARTE, 28

1894

(Extrait des *Mélanges Havet*, p. 381-409.)

NOTICES

SUR QUELQUES CARTULAIRES ET OBITUAIRES FRANÇAIS

CONSERVÉS A LA BIBLIOTHÈQUE DU VATICAN

S'il y a hors de France peu de bibliothèques aussi riches que celle du Vatican en documents précieux pour notre histoire, on peut dire aussi qu'il n'y en a guère qui aient été autant explorées par les savants français, et depuis aussi longtemps. Cependant, malgré les nombreux travaux déjà entrepris, la matière n'est pas épuisée. L'attention des chercheurs a été attirée surtout par les œuvres purement historiques ou littéraires ; sur ce terrain, il reste sans doute peu de chose à glaner. Mais il est un genre de documents qui paraît avoir été plus négligé, peut-être parce qu'ils présentent un intérêt plus spécial et peut-être aussi parce qu'on les trouve en France en quantité incomparablement plus grande. Nous voulons parler des cartulaires et des obituaires [1] : il s'en trouve au Vatican quelques-uns d'extrêmement précieux.

Il ne saurait être question ici d'une étude d'ensemble sur les documents de ce genre conservés à la bibliothèque Vaticane ; mais les circonstances nous ayant permis d'examiner d'assez près quelques-uns de ces cartulaires et obi-

---

1. On trouvera une liste des cartulaires conservés à la bibliothèque du Vatican, dans Pitra, *Analecta novissima*, pp. 293-294.

tuaires, nous avons choisi, pour les réunir dans les pages qui suivent, les notices qui nous ont paru se rapporter aux manuscrits les plus importants à la fois et les moins connus [1]. Nous ne faisons, d'ailleurs, que suivre un chemin déjà frayé, plusieurs manuscrits de cette catégorie ayant fait, dans ces derniers temps, l'objet de publications plus ou moins considérables [2].

Dans le départ en trois groupes qui fut fait par Alexandre VIII des manuscrits de la reine Christine de Suède, soixante-douze volumes furent choisis pour être déposés à l'*Archivio segreto ;* presque tous, après des vicissitudes sur lesquelles M. L. Dorez et M. P. Fabre ont commencé à faire la lumière [3], se retrouvent, au milieu du xviiie siècle, dans le fonds Ottoboni. C'est précisément dans ce fonds que nous rencontrons le plus grand nombre de documents d'archives ; c'est à ce fonds qu'appartiennent les trois principaux des cinq manuscrits examinés plus loin. On nous permettra d'en signaler quelques autres, dont l'intérêt n'est pas moindre :

Ms. Ottoboni 2791. — *Cartulaire de la terre de Guise.* xve siècle. Cent trente-huit feuillets de parchemin. Ancienne

---

1. En commençant par ceux qui nous ont semblé offrir le plus d'intérêt.

2. Il nous suffira de citer, pour le *Cartulaire de Philippe-Auguste,* le mémoire de M. Tuetey, imprimé dans les *Archives des Missions,* 3e série, t. VI (1880), et tirage à part de 86 p., — et la reproduction héliotypique de ce manuscrit exécutée par M. Martelli et publiée par M. L. Delisle (1883) ; — pour le *Fragment de cartulaire de S. Pierre-Empont d'Orléans,* l'analyse qu'en a donnée M. M. Prou dans les *Mélanges* de l'Ecole française de Rome (1888) ; — pour le *Cartulaire de N.-D. de Bourg-Moyen de Blois,* la notice que nous avons donnée dans les mêmes *Mélanges* (1886); — pour le *Censier et Cartulaire de S. Merry de Paris,* la publication de M. C. Couderc, d'après le manuscrit de feu L. Cadier, dans les *Mémoires de la Société de l'Histoire de Paris et de l'Ile de France,* t. XVIII ; — dans les mêmes *Mémoires,* t. XIV un fragment de l'*Obituaire de S. Maur-des-Fossés,* publié par M. M. Prou, et dans le t. XIX, nos *Documents parisiens tirés de la Bibliothèque du Vatican.* — Ajoutons que, dans le *Mémoire sur d'anciens sacramentaires* de M. L. Delisle (1886), on trouvera des obits tirés de plusieurs manuscrits du Vatican, notamment du ms. Ottoboni 313.

3. Voy. les articles de M. L. Dorez dans la *Revue des Bibliothèques,* 1892, pp. 129-140, et de M. P. Fabre dans la *Bibliothèque de l'École des Chartes,* 1893, pp. 786-789.

cote de Petau M, 45. On devra rapprocher ce manuscrit du manuscrit latin 17,777 de la Bibliothèque nationale [1].

Ms. Ottoboni 2951. — *Cartulaire des comtes de Champagne.* XVIe siècle. Cent trente-trois feuillets de papier [2]. — La copie qui en existe à Paris (B. N. 13,079, fol. 134-169) est très incomplète.

Ms. Ottoboni 3070. — *Livre des Anniversaires de l'église de Lyon* [3]. Fin du XIVe ou commencement du XVe siècle. Vingt-neuf feuillets de parchemin. Les archives du Rhône en possèdent un autre exemplaire (fonds de Saint-Jean, arm. Agar, vol. 34, n° 1), dont nous devons la description à l'obligeance de notre confrère M. G. Guigue. Le contenu des deux manuscrits est à peu près le même; mais, dans celui de Rome, les matières sont disposées dans un ordre tout autre que dans celui de Lyon.

Ms. Ottoboni 3083. — *Recueil d'actes relatifs à la ville et à l'Université d'Orléans* (cf. fonds de la Reine n° 405). XVIe siècle. Cent quatre-vingt-quatorze feuillets de papier. Ancienne cote de Petau E, 45. Quelques pièces seulement, au commencement du volume, intéressent la ville ou l'église d'Orléans.

Ms. Ottoboni 3086. — *Cartulaire du Collège des notaires ou secrétaires royaux.* Quatre-vingt-quatorze feuillets de parchemin. Les pièces contenues dans ce volume étaient réparties, d'après la table qu'on trouve dans le manuscrit, entre plusieurs *scrinia*, désignés par les lettres A, B, C, D, E, F.

Les manuscrits décrits ci-après sont les suivants :

I. — Ms. Ottoboni 2537. — *Premier exemplaire du Registrum Curiae*, XIIIe siècle.

II. — Ms. Ottoboni 687. — *Fragments d'un Cartulaire de l'évêché d'Angoulême.* XIIe siècle.

1. Cf. E. Langlois, *Manuscrits français et provençaux de Rome*, dans *Notices et Extraits des manuscrits*, t. XXXIII, 2e partie (1889), p. 290.

2. C'est le manuscrit mentionné par M. Delisle, *Catalogue des actes de Philippe-Auguste*, p. 532, sous le n° 4.

3. Cf. A. Molinier, *Les Obituaires français au moyen âge*, p. 222.

III. — Ms. Ottoboni 2960. — *Obituaire de l'église de Reims*, xiv°-xvi° siècle.

IV. — Fonds Vatican proprement dit, ms. 5414. — *Martyrologe Avignonnais avec mentions nécrologiques*, xi°-xiii° siècle.

V. — Ms. de la Reine 435. — *Martyrologe du* x° *siècle avec obits*.

I

PREMIER EXEMPLAIRE DU REGISTRUM CURIÆ FRANCIÆ

(XIII° siècle)

Ms. Ottoboni 2537

On sait qu'il faut entendre sous le titre de *Registrum Curiae Franciae domini regis, de feudis et negociis senescalliarum Carcassonae, et Bellicadri, et Tholosani, et Caturcensis et Ruthenensis,* ou sous le titre de *Registrum Curiae Franciae,* ou, plus simplement encore, *Registrum Curiae,* une compilation, faite au xiii° siècle, des titres concernant les droits du roi de France en Languedoc. En 1269, les originaux de ces actes furent classés dans six layettes, désignées par les lettres A, B, C, D, E, F; le *Registrum Curiae* a été composé peu de temps après des pièces contenues dans les cinq dernières de ces layettes [1].

On a fait de ce registre, à différentes époques, un assez grand nombre de copies. M. L. Delisle en indique huit exemplaires dans l'introduction à son *Catalogue des actes de Philippe-Auguste* [2], en 1856, et M. A. Molinier onze [3], en

---

1. Voir, sur toutes les questions qui intéressent le *Registrum Curiae*, L. Delisle, *Catalogue des actes de Philippe Auguste*, pp. XXIX et XXX, et surtout Aug. Molinier, *Catalogue des actes de Simon et d'Amauri de Montfort*, dans la *Bibliothèque de l'École des Chartes*, t. XXXIV (1873), notamment pp. 163 et suivantes.

2. L. Delisle, *ibid.*

3. Aux onze manuscrits signalés par M. Molinier, en y comprenant le Registre primitif JJ xxx A des Archives nationales, on peut ajouter, outre le manuscrit du Vatican qui fait l'objet de cette notice, le manuscrit latin 4168 A

1873, dans son *Catalogue des actes de Simon et d'Amauri de Montfort* [1].

Nous ne croyons p   que l'on ait encore signalé ni surtout examiné en détail l'exemplaire conservé, dans la bibliothèque du Vatican, sous le numéro 2537 du fonds Ottoboni [2], exemplaire d'autant plus important qu'il devra être considéré, si nos conclusions sont admises, comme le plus ancien des recueils auxquels a été attribué ce titre de *Registrum Curiae*.

Le manuscrit Ottoboni 2537 est un volume de cent quarante-cinq feuillets, les uns de parchemin, les autres de papier, relié en parchemin blanc aux armes de Pie IX. Les feuillets n'ont pas tous exactement la même dimension ; ils mesurent de 35 à 40 centimètres de hauteur, sur une largeur moyenne de 245 millimètres.

Ce volume se compose de trois parties bien distinctes. La première, comprenant les quarante et un premiers feuillets, et la troisième, comprenant les vingt et un derniers (fol. 125-145), sont remplies par des notes, pour la plupart de la main de Claude Fauchet, extraites de diverses chroniques, de recueils épistolaires, etc., et dans le détail desquelles nous n'avons pas à entrer [3].

La partie intermédiaire, comprise entre les fol. 42-124, la seule de ce manuscrit qui soit en parchemin, constitue précisément notre exemplaire du *Registrum Curiae*, lequel porte une ancienne pagination distincte, allant de 1 à 85.

Ce manuscrit, dans l'état où il nous est parvenu, c'est-à-dire avec ses trois parties différentes, deux sur papier, une

de la Bibliothèque nationale, qui contient, copiée de la main de Baluze (fol. 127 et suivants), une partie du *Registrum Curiae*. Cette copie s'arrête brusquement en plein texte de la pièce C, xv.

1. Molinier, *op. cit.*, p. 174.

2. Notre confrère M. Maurice Prou a bien voulu nous communiquer les notes qu'il avait prises sur ce manuscrit ; elles concordent parfaitement avec les nôtres, les confirment presque toujours et les complètent quelquefois. Nous nous faisons un devoir et un plaisir de lui adresser ici tous nos remerciements.

3. Nous citerons seulement (fol. 1 r°) une série de notes relatives à des manuscrits de chroniques appartenant à divers contemporains de Fauchet, et formant un véritable petit sommaire d'historiographie de la France.

sur parchemin, a figuré dans la bibliothèque de Petau, où
il portait la cote X, 43, qui se lit encore au recto du
premier feuillet. C'est assurément notre volume qui, dans
la *Bibliotheca bibliothecarum* de Montfaucon [1], est ainsi
désigné parmi les manuscrits d'Alexandre Petau conservés
au Vatican : « Registres (*sic*) Curiae domini Regis de feudis
Senesc. Carcass. Bellicadri. Tolos. Cadurc. et Ruthen.
97. 700. »

L'exemplaire du *Registrum Curiae* qui fait partie du
manuscrit Ottoboni 2537 a été écrit au xiiie siècle, à longues
lignes ; il est d'une exécution assez soignée, au moins dans
la première partie. Il se composait de douze cahiers, le
premier de six feuillets, les autres de huit, dont onze seulement subsistent. Le neuvième a disparu, et avec lui les
vingt-quatre premiers documents classés, dans notre exemplaire, sous la rubrique E. Cette disparition est antérieure
à la première pagination du manuscrit.

D'après M. Auguste Molinier, tous les exemplaires connus du *Registrum Curiae* dérivent de celui qui porte à la
Bibliothèque nationale le numéro 9988 dans le fonds latin,
lequel est issu lui-même d'un registre primitif conservé aux
Archives nationales sous la cote JJ xxx A.

Quatre particularités, entre autres, ont permis à M. Molinier de dresser son classement et nous serviront, à notre
tour, à fixer la place que doit occuper le manuscrit de
Rome dans la série des exemplaires à nous parvenus du
Registrum Curiae.

1° Les rubriques de certaines pièces ont été omises dans
le manuscrit JJ xxx A ; cette omission se constate dans tous
les exemplaires du *Registrum Curiae,* à commencer par le
manuscrit latin 9988.

2° Le manuscrit latin 9988 et tous les autres exemplaires
du *Registrum Curiae* contiennent une préface et une table
générale des rubriques, qui ne se trouve pas dans JJ xxx A [2].

3° A la fin du manuscrit latin 9988, comme de tous les

---

1. Montfaucon, *Biblioth. biblioth.,* t. I, p. 84, col. 1, d.
2. Ce morceau a été publié par M. A. Molinier, *loc. cit.,* pp. 188-194.

autres exemplaires du *Registrum Curiae,* est un appendice
de neuf pièces, absent de JJ xxx A.

4° Enfin, et cette remarque est peut-être la plus impor-
tante, un changement dans les lettres servant à désigner
les cinq séries de pièces, A, B, C, D, E, a amené, sauf dans
JJ xxx A, une erreur de renvoi. Dans le manuscrit latin
9988 et dans tous les autres exemplaires du *Registrum
Curiae,* on lit, à la suite de la rubrique de la pièce A xL,
pièce qui est seulement mentionnée dans le registre, cette
note : « Consignata est littera ista a tergo, quod nihil valet,
quia mutatum est per novam compositionem domini regis et
abbatis Crassensis, que est *in tercia capsa, consignata
sub littera D xii.* » — Seul, le registre JJ xxx A porte :
« *In tercia capsa, consignata sub littera C.* »

Grâce à ces mêmes particularités, nous allons voir en
quoi le manuscrit de Rome se trouve conforme au manuscrit 9988, et en quoi aussi il en diffère, pour se rapprocher
du registre primitif JJ xxx A.

1° En ce qui concerne les rubriques, nous trouvons les
mêmes omissions dans le manuscrit de Rome que dans tous
les autres manuscrits; elles portent, comme dans le registre JJ xxx A, sur les pièces D 66, 68, 70 et E 74, 75, 81, 82,
devenues, dans le manuscrit 9988, C 66, 68, 70 et D 74,
75, 81, 82 [1];

2° La préface et la table générale des rubriques, qui man-
quent dans JJ xxx A et qui figurent pour la première fois
dans le manuscrit 9988, se trouvent déjà dans le manuscrit
de Rome, qui en cela diffère de JJ xxx A, mais est conforme
à tous les exemplaires du *Registrum Curiae;*

3° Mais il se sépare de tous ces exemplaires par l'ab-
sence de l'appendice de neuf pièces signalé par M. Molinier; et, en cela, il est conforme au registre primitif JJ xxx A,
et rien qu'à lui;

4° Cette conformité s'accuse encore plus par la mention
qui suit la rubrique de la pièce A xL; dans notre manuscrit,
comme dans le registre JJ xxx A, et seulement dans ce regis-

---

1. Cf. Molinier, *op. cit.*, p. 171, note 1.

tre, nous lisons : «*in tercia capsa consignata sub littera C*», au lieu de la leçon commune « *in tercia capsa, consignata sub littera D* xxii. »

Le manuscrit de Rome doit être antérieur au changement de lettres signalé plus haut; là où le manuscrit latin 9988 porte B, il porte A, et ainsi de suite [1].

Ainsi, de tous les manuscrits du *Registrum Curiae* jusqu'ici signalés, le manuscrit de Rome est celui qui se rapproche le plus du registre primitif JJ xxx A pour le texte; nous croyons aussi que c'est celui qui s'en rapproche le plus par l'écriture, et que les deux manuscrits sont, à très peu de chose près, de la même date.

Le manuscrit latin 9988 ne doit donc pas être considéré comme le premier exemplaire du *Registrum Curiae*, mais bien le manuscrit Ottoboni 2537; c'est le manuscrit de Rome qui a dû être copié directement sur le registre primitif et c'est de lui que sont issus tous les autres exemplaires du *Registrum Curiae*. Il sert de trait d'union entre e registre primitif JJ xxx A et le manuscrit latin 9988. La seule partie originale qu'il contienne est la préface et la table des rubriques, qui sont passées ensuite dans tous les autres exemplaires, à commencer par le manuscrit latin 9988, tandis que l'appendice de neuf documents législatifs, que l'on rencontre dans les exemplaires du *Registrum Curiae*, constitue la partie originale de ce même manuscrit latin 9988. C'est le manuscrit Ottoboni qui, le premier, doit être appelé *Registrum Curiae*, et c'est de lui que l'on peut dire, à plus juste titre que du manuscrit latin 9988 : « Ce fut le *Registrum Curiae Franciae*, destiné à rester dans la chancellerie, celui sur lequel tous les autres furent exécutés [2]. »

Quand et comment en est-il sorti? Nous ne saurions pas plus répondre à cette double question qu'on n'a pu le faire jusqu'ici à propos du premier Registre de Philippe-Auguste,

---

1. J'ajouterai qu'en certains endroits, il semble porter des traces de grattages, précisément dans la table des rubriques; mais je croirais peu prudent de l'affirmer.

2. Molinier, *op. cit.*, p. 171.

conservé lui aussi, comme l'on sait, à la bibliothèque du Vatican, dans ce même fonds Ottoboni. A partir du XVII° siècle et même de la fin du XVI°, — car Fauchet, l'un des possesseurs, croyons-nous, de ce volume, est mort en 1601, — nous ne perdons pour ainsi dire pas de vue le *Registrum Curiae*. Nous sommes moins bien renseignés sur le Registre de Philippe-Auguste et nous n'avons pas jusqu'ici la preuve qu'il ait fait partie des collections de Petau et de la reine Christine. Il est cependant très vraisemblable que les destinées de ces deux précieux volumes ont été, au moins en partie, communes, avant qu'ils ne se soient retrouvés rapprochés finalement dans les belles armoires du Vatican.

II

FRAGMENTS D'UN CARTULAIRE DE L'ÉVÊCHÉ D'ANGOULÊME

(XII° siècle)

Ms. Ottoboni 687

Le manuscrit 687 du fonds Ottoboni est un volume de trente-neuf feuillets [1] de parchemin, composé de divers fragments [2]. Il est relié en parchemin blanc aux armes de Pie IX.

Au feuillet 1 r° de ce manuscrit, se lit la cote G. 26, qu'il portait dans la bibliothèque de Petau. — Sur le deuxième feuillet de garde du commencement, nous relevons encore les numérotations V. 3. 61, Q. 4. 22, et cette note : « Ex bibliotheca serenissimae Reginae, num. 1699. » Le numéro 1699 est précisément celui qui est affecté à ce volume dans

---

1. Abstraction faite des feuillets de garde.

2. Sur le contenu de ce volume, voy. Bethmann, *Archiv der Gesellschaft*...., t. XII, p. 362 ; la description qu'il en donne n'est pas absolument complète. — D'après le cardinal Pitra, *Analecta novissima*, t. I, p. 293, le manuscrit 1187 du fonds de la Reine contiendrait des fragments d'un cartulaire angoumois (de 1150); il y a là vraisemblablement une erreur d'impression pour 1127: on trouve, en effet, dans le ms. Regin. 1127 des documents angoumois.

le catalogue de la bibliothèque de la reine Christine publié
par Montfaucon [1].

Il ne sera question ici que des feuillets 8-12 v° de ce
volume [2], qui renferment deux fragments d'un ancien cartulaire de l'évêché d'Angoulême [3].

A. — Le premier de ces fragments se compose uniquement
du feuillet 8 de notre manuscrit. Il mesure 240 millimètres sur 172. Chacune des deux pages porte trente-qua-
tre lignes d'une assez belle écriture de la seconde moitié
du XIIᵉ siècle [4].

Tous les actes compris dans ce premier fragment, au
nombre de neuf, émanent de l'évêque d'Angoulême Hugues
II de La Rochefoucaud (mort en 1159). Le premier est in-
complet du commencement, et le dernier de la fin. La Porte
du Theil en fit faire au siècle dernier une copie qui occupe
actuellement les feuillets 21 à 24 du manuscrit 1271 de la
collection Moreau, à la Bibliothèque nationale. Toutes ces
pièces étant fort courtes et intéressant un personnage d'une
réelle importance [5], il n'a pas semblé inopportun de les
reproduire ici [6].

...canonici Sancti Petri Engolismensis, Choscelini archipres-
biteri Sancti Cirici, Arnau Bocardi, Fulcaudi de Marciaco [7];

1. *Biblioth. biblioth.*, t. I, p. 52, col. 2, c; cf. *ibid.*, t. I, p. 80, col. 1, d.

2. Disons seulement que ce manuscrit se termine par une table d'un Coutumier de Normandie du XIIIᵉ siècle; cette table, portant l'indication des feuillets où se trouvent chacun des chapitres du coutumier, suffirait à l'identifica-
tion du volume d'où elle a été détachée, si ce volume existe encore.

3. Ces fragments n'ont rien de commun avec le cartulaire, d'ailleurs très
intéressant, de l'évêché d'Angoulême (XIIIᵉ s.), qui forme le manuscrit
latin 13913 de la Bibliothèque nationale, pas plus qu'avec les extraits de
cartulaires qu'on rencontre dans les volumes 38 et 73 de la collection Baluze.

4. En marge du feuillet 8 rᵒ, nous remarquons quelques notes de l'écriture
de Petau.

5. Voir sur Hugues II de La Rochefoucaud, outre les ouvrages cités par
l'abbé U. Chevalier dans son *Répertoire (Bio-Bibliographie)*, la *Gallia Christiana*, t. II, col. 1003-1005.

6. D'autant moins que la copie de la collection Moreau est très fautive et
surtout très incomplète. Il y manque les deux pièces *de Bria*.

7. Probablement Marsac, Charente, arr. Angoulême, cant. Saint-Amant-
de-Boixe.

audientibus etiam et videntibus concordiam istam his qui predicti sunt et multis aliis. Hec autem concordia facta est M. C. L. anno ab incarnatione Domini, presidente in Romana cathedra Eugenio III, regnante Ludovico rege Francorum et duce Aquitanorum. Signum Hugonis, Engolismensis episcopi, †. Signum † Radulfi. Signum † Petri Arnaudi.

Item de Varno [1]. Ego Hugo, Engolismensis episcopus, presentibus et futuris notum fieri volo quod Petrus de Varno, decimarius meus, posuit michi in vadimonio, pro LXX [2] solidis Engolismensis monete, totum ex integro quod pertinebat ad ipsum de decima vini, et milii, et panicii et illius leguminis quod vulgo dicitur *garrauba* [3].

De Varno. Ego Hugo, Engolismensis [episcopus], notum facio presentibus et futuris quod Petrus Ostenz quandam partem mansi de Azac, que ad eum proprio jure pertinet, pro LXX solidis Engolismensis monete michi in pignore posuit; hoc autem vadimonium factum est in manu abbatis Petri Sancti Amantii [4], sicut noverunt Petrus capellanus de Tauresio et Petrus Elie.

De Varno. Iterum emerunt pro me P[etrus] Elie et R. Aendrici quoddam pratum quod est a (*sic*) Azac, de Petro de Riberia et de Erm[en]iardi, sorore sua, pro XX solidis, insuper emerunt pro me P[etrus] E[lie] et R. Aendrici quartam partem de borderia Saunir pro XIIII solidis, videntibus Willelmo de Botalulla et W[i]l[lelmo] Deupoet et Arnaudo Celarir.

De Varno. Iterum accepi in pignore, pro LX solidis Engolismensis monete, a Guillelmo Jordani illam partem quam isdem (*sic*) Guillelmus pro vadimonio habebat in molendinis de Varno.

De Balazaco [5]. Ego Hugo, Engolismensis episcopus, presentibus et futuris notum fieri volo quod Hugo de Tauresio et P[etrus], frater ejus, posuerunt michi in pignore, pro L solidis Engolismensis monete, totam illam partem decime de Balazaco, que ad eos jure hereditario pertinet. Concesserunt autem et pleviverunt [6] in manu mea quod tam diu me et successores

---

1. Probablement Vars, Charente, arr. Angoulême, cant. Saint-Amant-de-Boixe.

2. Il semble que l'on ait gratté à dessein les deux x de LXX.

3. Cf. Du Cange : *garrobis et jarrossia.*

4. Pierre II, abbé de Saint-Amant-de-Boisse (ou de Boixe).

5. Balzac, Charente, arr. et cant. Angoulême.

6. Le plus ancien exemple du verbe *plevire* fourni par Du Cange est précisément emprunté à un document angoumois.

meos Engolismenses episcopos predictum pignus quiete et integre habere sinant, donec L solidos michi aut alicui successorum meorum Engolismensium episcoporum persolvant. Concesserunt etiam ut, si quis in eodem pignore aliquid auferre vel imparare voluerit, ipsi, in quantum potuerint, bona fide garriant et defendant. Factum est autem hoc dominice incarnacionis anno M.C.L.III. Predicti pacti fiducia W[i]l[elmi] de Poiacnt.

De Bria [1]. Ego Hugo, Engolismensis episcopus, presentibus et futuris notum fieri volo quod Iterius Aymerici, decimarius de Bria, posuit michi in pignore, pro xv solidis Engolismensis monete totam illam partem decime de Bria quam habebat ex parte uxoris sue, et concessit michi hoc pignus habere ac possiddere (*sic*) quiete et integre tam diu donec ipse aut filii sui xv solidos michi reddant; hoc idem concesserunt filii sui W. et Petrus. Factum est hoc dominice incarnacionis anno M°CLIII°. Hujus rei testes sunt : Johannes capellanus de Chatinerio et L. Ademari, nepos predicti Iterii. Signum † Iterii Aimerici.

Item de Bria. Ego Hugo, Engolismensis episcopus, presentibus et futuris notum fieri volo quod Raimundus de Catinerio [2] posuit michi in pignore, pro xx solidis Engolismensis monete, totum ex integro quod habebat in decima de Bria. Concessit autem et plevivit in manu mea, audientibus Johanne capellano de Chatinerio et Rannulfo Aendrici, ut predictum pignus michi et successoribus meis Engolismensibus episcopis tam diu bona fide defendat et garriat, et integre ac quiete habendum sinat, quousque xx solidos reddat. Hec autem pars predicte decime quam, ut dictum est, a predicto Raimundo in pignore accepi, de jure Aleaidis, uxoris ipsius, erat. Que Aleaidis hoc ipsum michi et successoribus meis pignus Engolismensibus episcopis integre et quiete habendum [3], sicut maritus ipsius in mea concesserat, ita et ipsa in manu Johannis capellani de Catinerio plevivit et concessit, videntibus et audientibus Arnaudo de Vinoleto et Gaufrido de Chatinerio sacerdotibus. Factum est autem hoc dominice incarnationis anno M° CLII°.

De Tauzaco [4]. Ego Hugo, Engolismensis episcopus, presen-

---

1. Brie, Charente, arr. et cant. Barbezieux.
2. *Ms.* : Cahinerio.
3. Nous reproduisons telle que nous la trouvons dans le manuscrit cette construction assez embarrassée.
4. Tauzac, Charente, arr. Confolens, cant. Montembœuf, com. Massignac.

tibus et futuris certum relinquo quod W. de Nonvila dimidiam partem [decime] de Tauziacho, ad eum pertinentis et tocius feudi quod habet in eadem parrochia a genere W[i]l[elmi] Testandi, et idem W[i]l[elmus] Testandi ab episcopo Engolismensi, pro cc solidis michi in pignore ponit. Predicte decime hec est summa...

B. — Le deuxième fragment occupe les feuillets 9 à 12 du manuscrit. L'écriture est la même que celle du feuillet 8, mais les feuillets sont moins larges [1] et ne comptent que trente lignes à la page.

Les cinq pièces contenues dans ces huit pages sont toutes des lettres pontificales : une de Pascal II, une d'Innocent II, une d'Anastase IV et deux d'Adrien IV [2]. Elles paraissent avoir été signalées pour la première fois par M. J. von Pflugk-Harttung [3], qui les a publiées dans son recueil d'*Acta Pontificum Romanorum inedita* [4].

La Porte du Theil avait fait faire de ces cinq bulles une copie, qui se trouve aujourd'hui dans la collection Moreau [5]. C'est d'après cette copie que M. Loewenfeld a publié les deux dernières dans ses *Epistolae Romanorum Pontificum ineditae* [6].

Ces documents sont donc maintenant bien connus. Une observation cependant est nécessaire relativement à la première de ces bulles, celle de Pascal II. Elle est, dans le manuscrit de Rome, incomplète du commencement. Le manuscrit latin 5288 de la Bibliothèque nationale en fournit une autre copie, aussi du XIIe siècle, mais plus mutilée encore que la précédente [7]. Il n'y a entre les deux transcriptions de

---

1. 240 sur 162 millimètres.

2. Jaffé-Loewenfeld, n°s 6261, 8207, 9832, 10375 et 10332.

3. *Iter Italicum* (1883), p. 138.

4. Tome II (1884), n°s 239 et 362, et t. III, première partie (1886), n°s 132, 157 et 158.

5. Vol. 1271, fol. 26, et vol. 1231, fol. 61 et 69 et suivants.

6. N°s 233 et 232.

7. Cette copie commence (fol. 59 v°) par ces mots : « de Dozaco, ecclesia de Agenaco... » (Pflugk-Harttung, *Acta...*, t. II, p. 199, l. 2), et s'arrête à : «... ecclesia Sancti Gratulfi cum decimis » (*ibid.*, l. 17), pour reprendre, (fol. 59 r°) avec : « [vio]lenter imponat » (*ibid.*, l. 15 à partir du bas de la page), jusqu'à la fin de la pièce.

différences que dans les formes de certains noms de lieux ;
les formes données par le fragment de Paris nous paraissent
préférables, comme plus voisines du latin.

III

OBITUAIRE DE L'ÉGLISE DE REIMS

(XIVᵉ-XVIᵉ siècle)

Ms. Ottoboni -2960

Un obituaire très important de l'église de Reims a été
publié en 1844, dans la *Collection des Documents inédits*,
par Pierre Varin, parmi les notes du premier volume des
Archives législatives de la Ville de Reims [1]. Ce n'était peut-
être pas une place suffisamment honorable pour un texte
de cette valeur, qui aurait bien mérité d'être imprimé sépa-
rément.

L'éditeur a établi son texte d'après deux manuscrits conservés à la bibliothèque de Reims ; la mention la plus
récente fournie par le premier est de 1137 ; l'autre a été
dressé vers 1260 [2].

A la fin du second de ces deux volumes, se trouvent
reliés des extraits d'un obituaire plus récent ; c'est dom
Claude Estiennot, alors procureur général de la congréga-
tion de Saint-Maur, qui les avait envoyés, en 1688, à l'archevêque de Reims, Charles-Maurice Le Tellier. Cet obituaire était alors coté 144 parmi les manuscrits du fonds
de la reine Christine de Suède [3].

Il porte aujourd'hui le numéro 2960 dans le fonds Ottoboni [4] et a figuré au XVIIIᵉ siècle, comme beaucoup d'autres

---

1. Pierre Varin, *Archives législatives de la Ville de Reims*, seconde partie,
t. I, p. 61-122.

2. Varin, *ibid.*, p. 62.

3. C'est encore sous ce numéro que figure ce manuscrit dans le catalogue
de la bibliothèque de la reine de Suède publié par Montfaucon, *Bibliotheca
bibliothecarum*, p. 16, col. 2 : « *Necrologium ecclesiæ Remensis, cui adjun-
guntur in calce cartæ variæ ad ecclesiam Remensem spectantes.* »

4. M. Auguste Molinier n'a eu garde de l'omettre dans sa bibliographie des
obituaires français (*Les Obituaires français au moyen âge*, p. 192).

volumes du même fonds, dans la collection du baron de Stosch, sous la cote F xxvi [1].

Le manuscrit Ottoboni 2960 est un volume de 161 feuillets de parchemin [2], mesurant 370 millimètres sur 270. Il est relié en basane, aux armes de Pie IX. Nous n'y rencontrons pas d'autre *ex libris* que les armoiries du baron de Stosch [3].

On lit au recto du premier feuillet, en écriture du xvi⁰ siècle : « Pro ecclesia Remensi. — Martirologium canonicorum [4]. Restituatur et reponatur in ecclesia. Secus faciens sit anathema. »

Le feuillet 2 est blanc. Au feuillet 3, commence un calendrier, du xv⁰ siècle, à l'usage de l'église de Reims, avec de nombreuses retouches.

L'obituaire proprement dit occupe les feuillets 9 à 154 verso. L'écriture est du xv⁰ siècle, avec de nombreuses additions de la seconde moitié du xv⁰ siècle et du xvi⁰. De grands espaces blancs avaient été ménagés entre les différentes mentions nécrologiques ; ils sont loin d'être remplis.

Pour les obits antérieurs à l'année 1260 environ, le manuscrit de Rome ne fait que reproduire, avec certaines omissions, les nécrologes conservés à Reims ; mais pour les xiv⁰, xv⁰ et xvi⁰ siècles, il fournit un très grand nombre de renseignements qui lui sont propres, et Varin a indiqué assez clairemennt, dans sa publication, quels sont les obits tirés de ce manuscrit qu'il a empruntés aux copies de dom Estiennot. Mais il s'en faut, et de beaucoup, que ce savant bénédictin, dans les extraits qu'il envoyait à Reims il y a deux siècles, ait relevé dans l'exemplaire du Vatican tout ce qu'il renferme d'original, et l'on pourrait, à l'aide du

1. Cf. *Bibliothèque de l'École des Chartes*, t. XLIX (1888), p. 707, et t. LIV (1893), p. 789.

2. Abstraction faite des feuillets de garde, qui sont en papier.

3. De courts extraits, sans importance, du manuscrit Ottoboni 2960 se trouvent dans le volume 1274 de la collection Moreau, fol. 22-26 ; je ne saurais dire de quel volume sont tirés les extraits, également très courts, d'un *Martyrologe de l'église de Reims*, qui se lisent dans les manuscrits latins 10,000, fol. 314, et 11,743, fol. 41.

4. Le mot *canonicorum* est écrit deux fois.

manuscrit Ottoboni 2960, faire un très utile et très abondant complément à la publication de Varin [1].

Nous avons fait le dépouillement des obits inédits des deux mois extrêmes de l'année; on les trouvera ci-après, soit reproduits *in extenso*, soit simplement mentionnés; on se fera ainsi une idée suffisante de tout ce qu'il y aurait encore à ajouter au texte imprimé, si l'on entreprenait un jour une nouvelle édition du très important obituaire de l'église de Reims [2].

ADDITIONS A L'ÉDITION DE VARIN

I. — MOIS DE JANVIER.

Kalendis Januarii.

[En marge :]

Missa ad magnum altare pro rege K[arolo] Vo [3].

Prima die hujus mensis et quo[rum]libet aliorum mensium anni debent perpetuo fieri vigilie et missa in crastino de defunctis in choro ecclesie nostre, more solito [4], pro remedio et salute anime illustrissimi principis Karoli Vti, condam regis Francie.

Qui [5] dedit nobis villas de Flory in Montana [6], de Vallaclare (*sic*) [7], prope castrum de Vitry, cum juribus et pertinentiis illarum villarum, una cum nemore vocato Buisson le Conte [8], prope novam villam Sancti Ymogii, prout hoc et alia continen-

---

1. Parmi les personnages dont les noms devraient figurer dans ces additions à l'Obituaire publié, plusieurs sont mentionnés, mais aussi brièvement que possible, dans le *Catalogus missarum et obituum… extractus ex tabella confecta anno 1583*, publié en note par Varin, *Arch. législ.*, 2e partie, *Statuts*, t. I, pp. 114 et suivantes.

2. Ajoutons, pour compléter la notice du manuscrit Ottoboni 2960, que les feuillets 154 vo à 161 vo sont remplis par diverses fondations d'obits de la fin du xive siècle et du xvie siècle; plusieurs d'entres elles ont été imprimées par Varin à la suite de l'obituaire (p. 104, p. 107 etc.).

3. Faut-il rappeler ici que Charles V est mort le 16 septembre 1380 ?

4. *Ms. :* soluto.

5. Ce paragraphe, dans le manuscrit, est séparé du paragraphe : *Prima die hujus mensis* par la mention : *Item qualibet die lune,* que nous imprimons à la suite; il semble hors de doute que : *Qui dedit nobis,* etc., ne puisse se rapporter qu'au roi Charles V.

6. Le Petit-Fleury, Marne, arr. de Reims, cant. de Verzy, com. de Sermiers.

7. Vauclerc, Marne, arr. de Vitry-le-François, cant. de Thiéblemont.

8. Buisson-le-Comte, Marne, arr. de Reims, cant. d'Ay, com. de Saint Imoges.

tur plenius in cartis et litteris super hoc factis. Dedit etiam isti ecclesie plura jocalia [1] ad decorem ipsius et ad servitium divinum in dicta ecclesia faciendum [2].

Item qualibet die lune tocius anni immediate post v[esper]as, debemus ire processionaliter in navi ecclesie predicte, dicendo et cantando prosam, scilicet *Inviolata*, et postea de beata Maria ℟. *Sancta et immacula[ta]*, cum ℣. *Benedicta tu*, cum tribus orationibus dicendis per sacerdotem qui vesperas tenuit.

III nonas Januarii.

[D'une main plus récente que la majeure partie du volume :]

Dicta die, post matutinas, missa de beata Genovefa ad altare beate Marie Magdalene, alta voce, per succentorem celebrari debet.

II nonas Januarii.

Item obiit dominus Guido Gontiere [3], concanonicus noster, qui dedit nobis, pro suo anniversario quolibet anno in ecclesia nostra faciendo, unam domum quam acquisiverat in Burgo Vidule [4], que postea vendita fuit a Baudeneto [5] de Bosquo, pretio [6]...

VIII idus Januarii.

Obiit etiam dominus Johannes Le Blanc [7], presbiter, quondam concanonicus noster, anno Domini 1531, mensis vero novembris die vicesima octava; cujus corpus jacet in ecclesia Sancti Remigii Remensis; qui legavit fabrice ecclesie Remensis unam domum, cum suis appendiciis, sitam in vico Sancti

---

1. L' « *Inventaire des joyaux d'or et d'argent donnez à l'église de Reims, le 28 juin de l'an 1380* » par Charles V, se trouve publié dans Varin, *Arch. admin.*, t. III, p. 505.

2. En marge, d'une main plus récente : Flory, Vauclerc, Buisson-le-Comte.

3. Un chanoine Guy Gontier et un prêtre Guy Gontière sont souvent mentionnés dans Varin.

4. Bourg de Vesle, ancien quartier de Reims.

5. *Ms.* : Baudeneto. Il s'agit du personnage qui figure plusieurs fois sous le nom de Balduinetus de Bosco dans la publication de Varin.

6. La somme n'est pas indiquée. — Comme le précédent, cet obit est d'une main plus récente que l'ensemble du manuscrit.

7. Assez souvent cité dans Varin.

Stephani Remensis, contiguam domui Johannis Pussot [1], ex una, et domui Johannis Jabot, ex altera, sub onere sui anniversarii in dicta ecclesia Remensi perpetuo celebrandi, videlicet vigilias, et missam de defunctis ad altare majus, more aliorum anniversariorum, videlicet una die non occupata infra octavas festi Epiphanie Domini, ad discretionem cantoris vel succentoris dicte ecclesie Remensis.

Idibus Januarii.

[D'une main un peu plus récente que l'ensemble du manuscrit :]

Et obiit dominus Nicholaus de Hermondivilla [2], canonicus et decanus noster, qui dedit nobis L francos ad emendum redditus pro anniversario suo faciendo.

VII kalendas Februarii.

[Après la mention de l'obit de « magister Paulus Grant Raoul [3] », mort le 15 juin 1558 :]

Item in crastino dicti festi conversionis Sancti Pauli celebratur una missa pro scolasticis per vicarios et pueros chori.

Item in crastino Purificationis beate Marie in capella Sancti Lactis celebratur missa per succentorem aut commissum ab eo, que vocatur *missa du plat d'argent*.

V kalendas Februarii.

[D'une main relativement récente :]

Hic etiam debet fieri anniversarium magistri Dyonisii de Meryaco [4], succentoris, qui fundavit missam bassam que dicitur *ad Rouellam*, dum prima pulsatur, ut constat per litteras in fine hujus libri transcriptas.

---

1. Un Jehan Pussot, collecteur des tailles, est mentionné très fréquemmont dans Varin.

2. Cf. Varin, *Arch. admin.*, t. III, pp. 352 et 596.

3. Souvent cité dans Varin.

4. Cf. Varin, *Arch. admin.*, t. III, p. 25.

II. — MOIS DE DÉCEMBRE.

Kalendis Decembris.

Et obiit magister Adam de Nigella, archidiaconus Laudunensis et concanonicus noster, qui dedit nobis vi[xx] libras parisiensium ad emendum redditus perpetuos, pro anniversario suo in ecclesia nostra annuatim faciendo, pro quibus assignavimus eidem iiii[or] libras perpetui redditus in decima de Chaumusiaco [1]. Dedit etiam nobis pro dicto anniversario apud Aougny [2], Plaissier [3], Lagery [4] et Balveire [5], vi lib[ratas] terre; in quo anniversario quilibet vicarius existens continue in vigiliis et missa, percipiet viii[to] denarios, a principio usque ad finem. Item voluit quod capellanus qui tenebit capellaniam quam fundavit in ecclesia [6], tantum percipiet quam canonicus, si presens fuerit in vigiliis et missa a principio usque ad finem.

III nonas Decembris.

Et obiit bone memorie Stephanus de Lorriaco [7], dyaconus et [con]canonicus noster, qui dedit nobis lx libras parisiensium, quas posuimus in augmentatione hale nostre de Maubertifonte [8], pro quibus assignati sunt lx solidi super redditibus de Aussoncia [9].

II nonas Decembris.

Et obiit magister Adam de Dombres [10], qui dedit nobis lx libras parisiensium, pro quibus assignavimus xl solidos pari-

---

1. Chaumuzy, Marne, arr. de Reims, canton de Ville-en-Tardenois.
2. Aougny, Marne, arr. de Reims, cant. de Ville-en-Tardenois.
3. Le Plaissier, com. d'Aougny.
4. Lagery, cant. de Ville-en-Tardenois.
5. Balœuvre, cant. de Ville-en-Tardenois, com. de Romigny.
6. Le manuscrit porte cette addition : « ad altare sancti Pauli, in navi ecclesie que est chorialis. »
7. Souvent cité dans Varin.
8. Maubert-Fontaine, Ardennes, arr. et cant. de Rocroi. — Sur la halle de Maubert-Fontaine, voy. encore Varin, *Arch. législ.*, IIe partie, *statuts*, vol. I, p. 96.
9. Aussonce, Ardennes, arr. Rethel, cant. Juniville.
10. Adam de Dombray, dans Varin, *Arch. législ.*, IIe partie, Ier volume, p. 121.

sien. super domum que fuit domini Hellini, quam tenet ad presens..... [1], et xx solidos parisien. super domum quam tenet...... [2].

Et obiit Johannes de Erbloy, concanonicus noster, pro cujus anniversario habemus..... [3].

Et obiit magister Remigius de Ambonayo [4], canonicus Remensis, qui dedit nobis viii libras parisiensium perpetui redditus, percipiendos (*sic*) quolibet anno super nemora nostra per nos empta a domino de Nantholio anno M° CCC° LXI°, quos reddit quolibet anno fabrica ecclesie.

Nonis Decembris.

[Mention de « Houdardus, episcopus Andegavensis » (cf. Varin, *II Nonas Decembris*), avec cette note additionnelle : « et quondam concanonicus noster » [5].]

VIII idus Decembris.

[Mention assez développée de l'obit et des fondations de « magister Johannes Godart de Attigniaco, cantor et canonicus Remensis » ; les fondations datent du 6 décembre 1529.]

VI idus Decembris.

Et obiit Ado de Burgundia [6], civis Remensis, qui dedit nobis xxxvii libras, x solidos parisien. pro anniversario suo et Sebille [7], uxoris sue, in ecclesia nostra singulis annis faciendo ; pro quibus assignavimus eidem xxx solidos parisien. annui et perpetui redditus super winagiis Suppie [8] et Retourne

---

1. Il y a à cette place un blanc dans le manuscrit.
2. Autre blanc dans le manuscrit.
3. Autre blanc dans le manuscrit.
4. Remigius de Dambonay, dans Varin, *l. c.*, p. 121. C'est Ambonay (pour Ambonnay) qu'il faut lire.
5. Hugo Oudard fut évêque d'Angers de 1314 à 1323.
6. Cf. Varin, *Arch. législ.*, II° partie, I° vol., p. 121.
7. Une certaine Sébille de Bourgogne est mentionnée dans Varin, *Arch. admin.*, t. II, p. 776 et t. III, p. 500.
8. Il s'agit vraisemblablement ici, — comme plus loin, — des rivières de la Suippe et de la Retourne.

V idus Decembris.

Et obiit Haimardus Goujons [1], noster [con]canonicus, qui dedit nobis LX libras pro anniversario suo quolibet anno in perpetuum in ecclesia nostra faciendo, de quibus satisfactum est nobis a Johanne dicto Goujon, concanonico nostro, ad plenum ; quam pecunie summam posuimus in emptione domus domini Hellini, quondam concanonici nostri, que sita est in claustro nostro Remensi. Et propter has dictas LX libras alibi assignandas, cum dictum est, inter nos etern[o] statutum est in pleno capitulo, quod distributores anniversariorum nostrorum, quolibet anno in anniversario dicti Hemardi, de bonis dictorum anniversariorum LX solidos parisien. canonicis qui dicto anniversario interfuerint distribuere debent, seu debebunt, et etern[o] tenebuntur. Nos vero et distributores nostros qui pro tempore fuerint, et successores nostros ad dictum anniversarium faciendum et ad premissa obliganda perpetuo obligamus. Nunc assignati sunt in redditibus ville de Aussoncia.

III idus Decembris.

[L'obit de « Stephanus de Suiziaco » est plus développé que dans Varin.]

Idibus Decembris.

Et obiit dominus Johannes de Castrovillano, quondam canonicus Sancti Simphoriani et capellanus ecclesie Remensis, qui dedit nobis domum suam sitam Remis, in vico per quem itur de ecclesia Sancti Symphoriani ad ecclesiam Sancti Petri ad Moniales, pro anniversario suo et domini Johannis de Arcu [2], quondam canonici et succentoris ecclesie Remensis, anno quolibet in choro ecclesie nostre faciendo ; in quo anniversario quilibet capellanus de antiqua congregatione capellanorum percipit presens in eodem IIII denarios parisienses. Et ad presens [Johannes de Polia [3] tenet predictam domum [4]].

---

1. Ou peut-être Govions. Cf. Varin, *Arch. législ.*, IIe partie, 1er vol., pp. 106 et 121.

2. Cf. Varin, *Arch. adm.*, t. II, p. 391 et *Arch. lég.*, IIe partie, *Statuts*, t. I, p. 63.

3. Cf. Varin, *Arch. admin.*, t. II, p. 1034, et t. III, p. 352.

4. Les mots placés ici entre crochets sont biffés dans le manuscrit.

[D'une main plus récente :]

Et obiit dominus Johannes de Burgundia, concanonicus noster [1], qui dedit nobis c francos ad emendum redditus pro anniversario suo faciendo. Item dedit nobis alios c francos pro domino L. de Éciey [2], episcopo Constantiensi, cujus capellanus extitit, pro anniversario dicti episcopi faciendo.

[Encore d'une autre main :]

Obitus P. Pineau debet fieri in anno in quatuor temporibus, die commodiori.

XVIII kalendas Januarii.

Et obiit dominus Federicus de Janua [3], presbiter et canonicus Remensis, qui legavit nobis vii^{xx} libras parisiensium ad emendum redditus pro suo anniversario faciendo, pro quibus assignavimus cidem vi libras annui et perpetui redditus, videlicet : super masuris de Pontefabricato [4] LX solidos, et super winagiis rippariarum Suppie et Retoune LX solidos.

XVI kalendas Januarii.

Obiit dominus Grimerus [5] Lombardus [6], Remensis canonicus, pro quo habemus XL solidos parisien. assignatos supra domum novam in claustro, que fuit magistri Willelmi de Castro Eraudi, et est tertia domus claustri a parte porte claustri et a parte perrerie ; quam tenet ad presens magister Johannes Brieti [7].

1. Cf. Varin, *Arch. admin.*, t. II, p. 678, et t. III, p. 352.

2. La lecture de ce mot est douteuse ; il devait y avoir dans l'original Erquery ; Louis d'Erquery fut évêque de Coutances de 1345 à 1370. — Varin, dans le *Catalogus missarum et obituum* de 1583, cité plus haut, imprime *Ludovico de Sery*, c'est là une faute ; il n'y a jamais eu d'évêque de Coutances de ce nom.

3. Ce personnage figure plusieurs fois dans Varin et se trouve même mentionné sous le nom de Fredericus de Vivaldis, de Janua, dans *Arch. admin.*, t. II, p. 131.

4. Pontfaverger, cant. de Suippes.

5. Pour Grimerius ?

6. Varin, dans le *Catalogus missarum et obituum* de 1583, cité plus haut, imprime *Grivero Lombardo* (*Arch. législ.*, iie partie, *Statuts*, 1er vol., p. 122).

7. *Ms. :* Brioti, *changé en* Brieti. — Jean Briet fut chanoine de l'église de Reims entre 1371 et 1396.

XV kalendas Januarii.

[Mention de l'obit de Jean Nicolas de Faverolles.]

XV kalendas Januarii.

Et obiit Yvo Brito, presbiter, qui dedit nobis xxxix solidos censuales supra quandam domum ante forum ad pisces, et xl solidos quolibet anno super domum suam in claustro, que est tertia domus claustralis ab introitu claustri versus domum archiepiscopalem; et tenet illam ad presens N. de Vinea [1].

IX kalendas Januarii.

[Addition à l'obit de l'archevêque Albric :]

Ordinatum est per capitulum Remense quod istud anniversarium pie recordationis domni Alberti (*sic*), archiepiscopi Remensis, semper fiat die precedente vigilias Natalis Domini; si vero Natale Domini evenerit feria ii[a] vel iii[a], dictum anniversarium semper fiat quinta vel sexta precedente.

VIII kalendas Januarii.

Et obiit Gilo de Pruvino, qui dedit nobis lx libras parisiensium de quibus assignati sunt lx solidos turonen. supra domum que fuit Les Gouvions, quam tenet ad presens..... [2].

Et obiit magister Gerardus de Avelliaco, canonicus et dyaconus, qui dedit nobis pro anniversario suo faciendo quosdam redditus apud Salciam Campanicam [3], qui nuncupantur *feodi As Maigres*, valentes circiter lx solidos. Item in decima de Calmisiaco xxiiii[or] sesterios tam bladi quam avene, quando excedit summa lxxii paria sestariorum granorum predictorum, percipiendorum [4] primo et ante omnia per senescallos ecclesie. Item in pecunia, pro augmentatione dicti anniver-

---

1. Un Nicole de La Vigne, chanoine, figure dans Varin, *Archives administr.*, t. III, p. 678, en 1386.

2. Il y a ici un blanc dans le manuscrit.

3. *Ms.* : Campanitam. — Saulces-Champenoises, Ardennes, arr. de Vouziers, cant. d'Attigny.

4. *Ms.* : percipientium.

sarii, LXᵃ libras parisiensium veterum, pro quibus habemus super winagiis Suppie et Retoune XLVIII solidos parisien.; que omnia distribuuntur in dicto anniversario, ita quod singuli capellani antiqui et novi [1], vicarii et pueri chori percipiunt in vigiliis VI denarios quilibet et totidem in missa; residuum dominis canonicis dividatur.

VI kalendas Januarii.

|Obit et donations de « dominus Chinchius de Sancto Eustacio, quondam [con]canicus noster [2] ».]

V kalendas Januarii.

[Obit et nombreuses donations de « Guido, dictus Rigos [3], canonicus Remensis ».]

III kalendas Januarii.

Et obiit magister Renerus de Paissiaco [4], qui dedit nobis C libras parisiensium, pro quibus assignavimus IIII libras, et XL libras turonensium pro IIIᵡˣ X libris parisiensium supra domum que fuit Les Gouvions in claustro..... [5], quas tenetur reddere quolibet anno in predicto anniversario magister Renaldus Penniers [6], quamdiu tenebit dictam domum. Et restant adhuc assignande X libre parisiensium. In dicto anniversario quilibet capellanus qui presens fuerit, percipit II denarios in vigiliis et totidem in missa.

1. *Et novi* a été ajouté après coup.
2. Cf. l'obituaire publié par Varin, aux kalendes d'octobre.
3. Plusieurs fois mentionné dans Varin.
4. Renier de Passy, official de Reims, souvent cité dans Varin.
5. Ici, un blanc d'une ligne.
6. Chanoine de Reims. Figure dans la publication de Varin, en 1296, sous le nom de « Reginaldus dictus Paynier ». Cf. *Arch. adm.*, t. I, p. 1106-1107.

IV

MARTYROLOGE AVIGNONNAIS AVEC MENTIONS NÉCROLOGIQUES

(XIᵉ-XIIIᵉ siècle)

Fonds Vatican proprement dit, ms. 5414

Volume de soixante-quatre feuillets de parchemin, abstraction faite des feuillets de garde, mesurant 260 millimètres sur 203. La reliure est en veau rouge, aux armes de Léon XIII.

Nous lisons sur un feuillet de garde du commencement : *Ex libris Francisci Peniae, Romanae rotae decani* [1].

Ce manuscrit se compose des huit premiers cahiers, de huit feuillets chacun, d'un martyrologe d'Usuard, écrit par plusieurs mains du XIᵉ siècle, et d'exécution inégalement soignée.

L'ouvrage ne porte aucun titre et commence (fol. 1, rᵒ), au 25 décembre, par ces mots :

« Jesus Christus, filius Dei in Bethleem Jude..... »

Le texte s'arrête (fol. 64 vᵒ) à la fin des mentions du 5 juillet, avec ces mots :

«..... adhibito subter orribili fumo , in confessione Domini emisit spiritum. »

Ce qui fait pour nous le principal intérêt de ce volume, ce sont les nombreuses mentions nécrologiques qui couvrent les marges et dont on a souvent rempli les blancs des lignes. On en trouve aussi sur de petites bandes de parchemin cousues aux marges inférieures.

La région à laquelle se rapportent ces obits, et par con-

---

1. Nous n'avons pas d'autres renseignements sur la provenance de ce volume ; il est au moins vraisemblable qu'il a pris place dans la Bibliothèque pontificale pendant le séjour des papes à Avignon. Je ne saurais dire s'il peut être identifié avec l'un des six martyrologes du catalogue avignonnais de 1369, ou des deux martyrologes du catalogue de 1375. Cf. Ehrle, *Historia bibliothecae Romanorum Pontificum, etc.*, t. I (1890), pp. 450 et 569.

séquent la provenance du manuscrit ne peuvent faire aucun doute. Les noms de Raimundus, Raimunda, Laura, Pontius, Dulcelina, qui se rencontrent presque à chaque page, suffiraient à révéler une origine méridionale et particulièrement provençale, si les nombreuses mentions des monastères de Saint-André, de Saint-Véron (Sanctus Veranus) et surtout de Saint-Laurent, et les expressions souvent répétées : *monacha nostra, conversa nostra,* ne nous transportaient à Avignon même, dans un couvent de femmes, probablement celui de Saint-Laurent.

Les mentions nécrologiques, de mains fort diverses, et souvent assez peu exercées, s'étendent du XIe à la fin du XIIIe siècle. La plupart paraissent être du XIIe. Deux seulement portent la date de l'année. L'une de 1279, l'autre de 1282. Il ne doit guère y en avoir de postérieures.

Parmi tous ces noms, nous n'en rencontrons pas de vraiment historiques. La presque totalité des personnes dont on enregistre le décès, sont des religieuses ou des religieux, ou bien encore de leurs parents. Néanmoins ce manuscrit pourrait être utilement mis à contribution pour compléter les renseignements du même genre que les auteurs de la *Gallia Christiana* ont tirés d'obituaires de Sainte-Catherine, Saint-André et Saint-Laurent d'Avignon [1].

Nous ne trouvons à relever que deux mentions d'évêques : l'une, au 3 janvier, d'un « Gaufredus, sacerdos, et episcopus et confrater noster », qu'il nous paraît difficile d'identifier avec certitude [2], — l'autre, au 30 juin, d'un évêque d'Avignon du nom de « Rost[agnus]» [3], probablement Rostagnus II († 1209) [4].

Parmi les obits d'abbés ou d'abbesses, mentionnons celui de « Laura Gironcla, priorissa Sancti Verani », rapporté

---

1. *Gall. christ.*, éd. Palmé, t. I (1870), notamment col. 869 et suivantes.

2. Il semble qu'il y ait eu à Avignon plusieurs évêques de ce nom.

3. *II kl. jul.* — Depositio domini Rost[agni] Autocg. (?), Avinionensis episcopi.

4. Les auteurs de la *Gall. christ.*, I, 809-810, font remarquer que le nécrologe de Saint-André-lez-Avignon mentionne quatre évêques du nom de Rostagnus, l'un au 14 février, le deuxième au 13 juillet, le troisième au 30 juin († 1209) et le quatrième au 3 septembre.

au 5 janvier 1282, qu'on ne trouve pas dans la *Gallia christiana,* non plus que celui de « Cecilia, priorissa Sancti Verani », que nous rencontrons au 18 avril.

Un nécrologe de Saint-Laurent d'Avignon, dont ont fait usage les auteurs de la *Gallia christiana,* donne les obits d'une abbesse de Saint-Véron, du nom de « Tiburgua Carqueria » et de son frère « Guillelmus Carquerius [1] » ; le manuscrit du Vatican fournit, en outre, ceux de son frère « Raimundus » (16 janv.) et de sa sœur Agnès (22 février).

Un obituaire de Saint-André et un obituaire de Saint-Laurent mentionnent, au 16 juin, une abbesse de Saint-Laurent du nom de « Basina [2] » ; nous la trouvons, au même jour, dans le manuscrit de Rome, sous le nom de « Besina [3] ».

Les rapprochements qui précèdent font voir quel intérêt il y aurait à étudier et publier simultanément les obituaires d'une même région, qui souvent s'éclairent mutuellement. Les nécrologes avignonnais que nous avons cités ont surtout un intérêt local ; mais ce travail, appliqué à des obituaires plus riches et d'intérêt plus général, pourrait fournir de précieux résultats et être d'un grand secours, particulièrement pour la chronologie [4].

---

1. *Gall. christ.*, I, 869.

2. *Gall. christ.*, I, 887. —Cette abbesse vivait à la fin du xiie et au commencement du xiiie siècle.

3. Parmi les obits qui nous paraissent les plus intéressants, citons encore celui-ci, du 13 mai : « Obiit Petrus Gaufredi de Vellenna, qui pro redemptione anime sue dedit huic ecclesie mille solidos, qui familiaris et carus amicus noster erat » ; et celui-ci, du 31 mars : « Obiit frater Bertrandus de Sancto Quintino, predicator ».

4. On ne saurait mieux faire, en cette matière, que de renvoyer au livre déjà cité de M. Molinier, *Les Obituaires français au moyen âge.* « On ne pourra, dit-il (p. 80), utiliser les obituaires que le jour où l'on aura publié dans les différentes provinces un corps des principaux nécrologes... » — D'importants obituaires normands ont été réunis dans le t. XXIII des *Historiens de France ;* un vaste recueil des *Necrologia Germaniae* a été entrepris par la Société des *Monumenta Germaniae historica.* On sait aussi le parti que M. Friess a tiré des plus anciens nécrologes de l'abbaye bénédictine d'Admont en Styrie : *Die aeltesten Todtenbücher des Benedictinerstiftes Admont in Steiermark* (Vienne, 1885).

V

OBITS TIRÉS D'UN MARTYROLOGE DU Xᵉ SIÈCLE

Ms. de la Reine 435

On sait, et la précédente notice en est une preuve, que ce n'est pas seulement dans les obituaires proprement dits, mais dans les martyrologes, les sacramentaires, les calendriers, qu'il faut chercher des mentions nécrologiques [1]. Nous relevons ici quelques obits ajoutés à un fragment de martyrologe que renferme le manuscrit 435 du fonds de la Reine [2].

Ce volume, de quarante-huit feuillets de parchemin, de 203 millimètres de hauteur sur 160 de largeur, et relié en parchemin blanc, comprend, outre le fragment précité de martyrologe, une exposition de la messe, un dialogue d'un certain Fulbert, différent de Fulbert de Chartres, avec Hugues, archevêque de Tours, enfin, des définitions et sentences de droit.

Outre les anciens numéros 1313 et 424, ce manuscrit porte au premier folio la cote B, 54, qui lui a été donnée certainement par Petau.

Le martyrologe, écrit au ixᵉ ou plutôt au xᵉ siècle, est interrompu (fol. 24 v°) au milieu des mentions du 7 septembre :

«..... Arelate, depositio Agustalis [3] episcopi; Aurelianis depositio beati Evortii episcopi; et in territorio... »

---

1. Voy. les obits que M. Delisle a tirés de divers sacramentaires, dans : *Mém. sur d'anciens sacramentaires*, notamment, p. 115, 164, 196-197, 230, 240, 241, 251-252, 261, 388-389, 393.

2. Bethmann (*Archiv, etc.*, XII, 280) signale des mentions nécrologiques dans les marges d'un martyrologe du xᵉ siècle, contenu dans le manuscrit 441 du fonds de la Reine (f° 46-74 v°). En réalité, nous n'y trouvons que deux obits à relever :

VI id. Junii. Obiit Huoggi abba.

VII kl. Julii. Holf. Rahsunzo episcopus.

3. L'existence de cet évêque Augustalis, qui aurait vécu au milieu du vᵉ siècle, est considérée par Gams comme problématique. D'après M. l'abbé Duchesne, *Fastes épiscopaux de l'ancienne Gaule* (1894), t. I, p. 250, ce

Voici les obits que nous rencontrons dans les marges ou à la fin des lignes. S'ils ne sont pas nombreux, du moins ils ne se rapportent pas à des personnages de peu d'importance. Ils datent, d'après l'écriture, du x⁰ siècle :

V kl. feb.	Obiit Karolus imperator [1].
VIII kl. martii.	Obiit [...]dedulfus laicus.
Id. martii.	Obiit Gerbardus.
III kl. aprilis	Obiit Ermengardis regina [2].
IIII nonas aprilis.	† Obiit Vuifredis.
II nonas aprilis.	Obiit Eva consecrata.
VI kl. maii.	Depositio [Vu]idonis.
II id. junii.	Et nativitas Karolo rege, filio Lodovici imperatoris et Judit [3].
XII kl. julii.	Obiit Hludovicus imperator [4].

personnage, inconnu aux diptyques, mais dont l'anniversaire est marqué dans le martyrologe hiéronymien (à la même date que dans notre manuscrit), semble être un évêque de Toulon.

1. Cet empereur est Charlemagne.

2. S'agit-il ici d'Ermengarde, fille de l'Empereur Louis II, née en 855, qui épousa Bozon, duc de Lombardie et roi de Provence, et mourut en 890? On ignore le jour de la mort de cette princesse.

3. Ce n'est pas le ıı des ides, mais le jour même des ides de juin (13 juin) qu'est né Charles le Chauve.

4. Louis le Débonnaire.

LE PUY, IMPRIMERIE R. MARCHESSOU, BOULEVARD CARNOT, 23.